D1755907

Was, wenn es sich anfühlt wie Liebe?

Oscar Brenifier

Was, wenn es sich anfühlt wie Liebe?

Mit Illustrationen von
Jacques Després

Aus dem Französischen von
Anja Kootz und Tobias Scheffel

Gabriel

Man kann von dem, was lieben heißt, sehr unterschiedliche und sogar gegensätzliche Vorstellungen haben ...

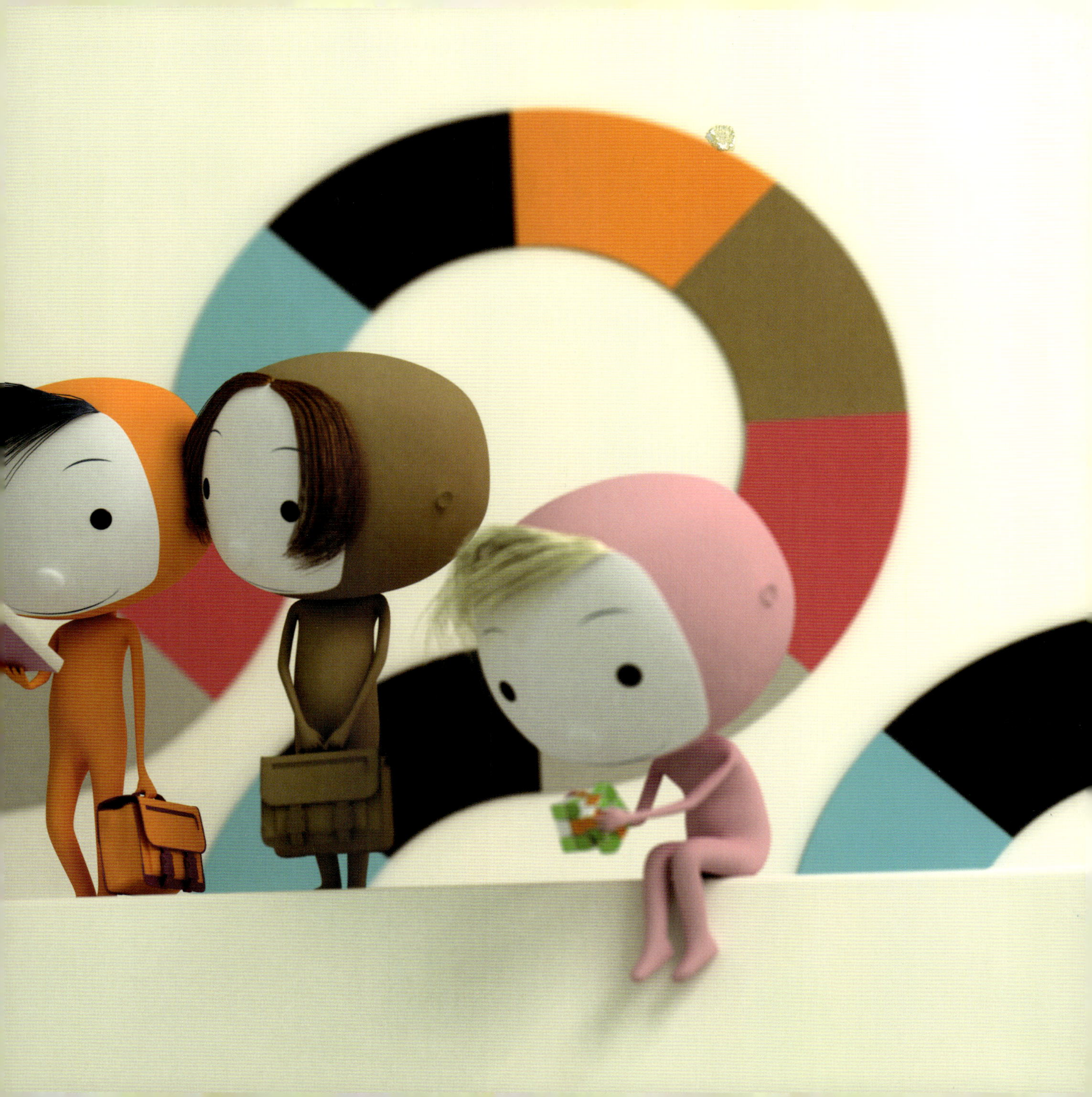

Manche glauben,
dass die Liebe nicht für jeden bestimmt ist,
dass Kinder zu klein sind und Eltern zu alt,
um verliebt zu sein.

Andere denken,
dass man in jedem Alter liebt und
sich nur die Art und Weise ändert,
verliebt zu sein.

Manche denken,
dass man nicht lieben kann, ohne geliebt zu werden,
da das sinnlos ist und uns leiden lässt.

Andere glauben,
dass lieben heißt, Liebe zu geben,
ohne etwas zu erwarten,
denn es ist das Geben,
das glücklich macht.

Manche denken,
dass die Liebe uns ermöglicht, wir selbst zu sein,
**und wir erst durch sie
wirklich leben.**

Andere finden,
dass die Liebe uns verwirrt,
dass sie uns vom Leben abhält
und es besser ist,
allein zu sein.

Manche denken, dass man die Eltern immer liebt,
sie sogar lieben muss,
auch wenn es manchmal schwierig ist.

Andere finden, dass es einem freisteht,
die Eltern zu lieben oder nicht, da man nicht darum gebeten hat,
auf der Welt zu sein.

Manche denken,
dass unsere Geschwister
nur dazu da sind, uns zu ärgern,
und uns daran hindern, so zu leben,
wie wir wollen.

Andere glauben,
dass Geschwister ein Halt für das ganze Leben
und durch nichts zu ersetzen sind.

Manche denken, dass lieben heißt,
nett zu den anderen zu sein
und sich nie mit ihnen zu streiten.

Andere finden, dass man sich lieben kann,
ohne in allem einig zu sein,
sogar dann, wenn man sich gründlich
die Meinung sagt.

Manche denken, dass Freundschaft aus dem
Augenblick heraus entsteht,
dass man an einem Tag befreundet sein kann
und am nächsten Tag nicht mehr.

Andere glauben,
dass Freundschaft sich mit der Zeit entwickelt,
dass sie von Dauer ist
und unerschütterlich.

Manche lieben sich selbst,
sie finden sich schön und vollkommen
und liebenswerter als die anderen.

Andere können sich
selbst nicht ausstehen,
sie glauben,
dass alles an ihnen schlecht ist,
während viele andere es verdienen,
geliebt zu werden.

Manche mögen keine Tiere,
weil sie sie dumm finden
und Tiere nicht sprechen können.

Andere lieben Tiere,
weil sie sie anhänglich finden
und nicht herzlos wie
manche Menschen.

Manche lieben, was sie tun, so sehr,
dass sie an nichts anderes als ihre
Leidenschaft denken
und dadurch glücklich sind.

Andere glauben, dass eine Leidenschaft
uns stumpfsinnig macht,
da wir nicht mehr wahrnehmen,
was um uns herum geschieht, und wir
an nichts anderes mehr denken.

Manche verehren einen Helden oder einen Star
und träumen davon,
ihm möglichst ähnlich zu sein
und vielleicht eines Tages
selbst einer zu werden ...

Andere denken, dass Helden und Stars
nicht die Wirklichkeit sind
und dass man lieber man selbst sein sollte,
als andere zu kopieren.

Manche denken,
dass man mehr als alles
andere auf der Welt
Ideen lieben kann,
denn sie stehen für das
Streben nach Gerechtigkeit,
das Gute oder die Wahrheit.

Andere finden, dass Ideen nichts bedeuten und
man nur Menschen lieben kann –
aus Fleisch und Blut und Gefühlen.

Und du?

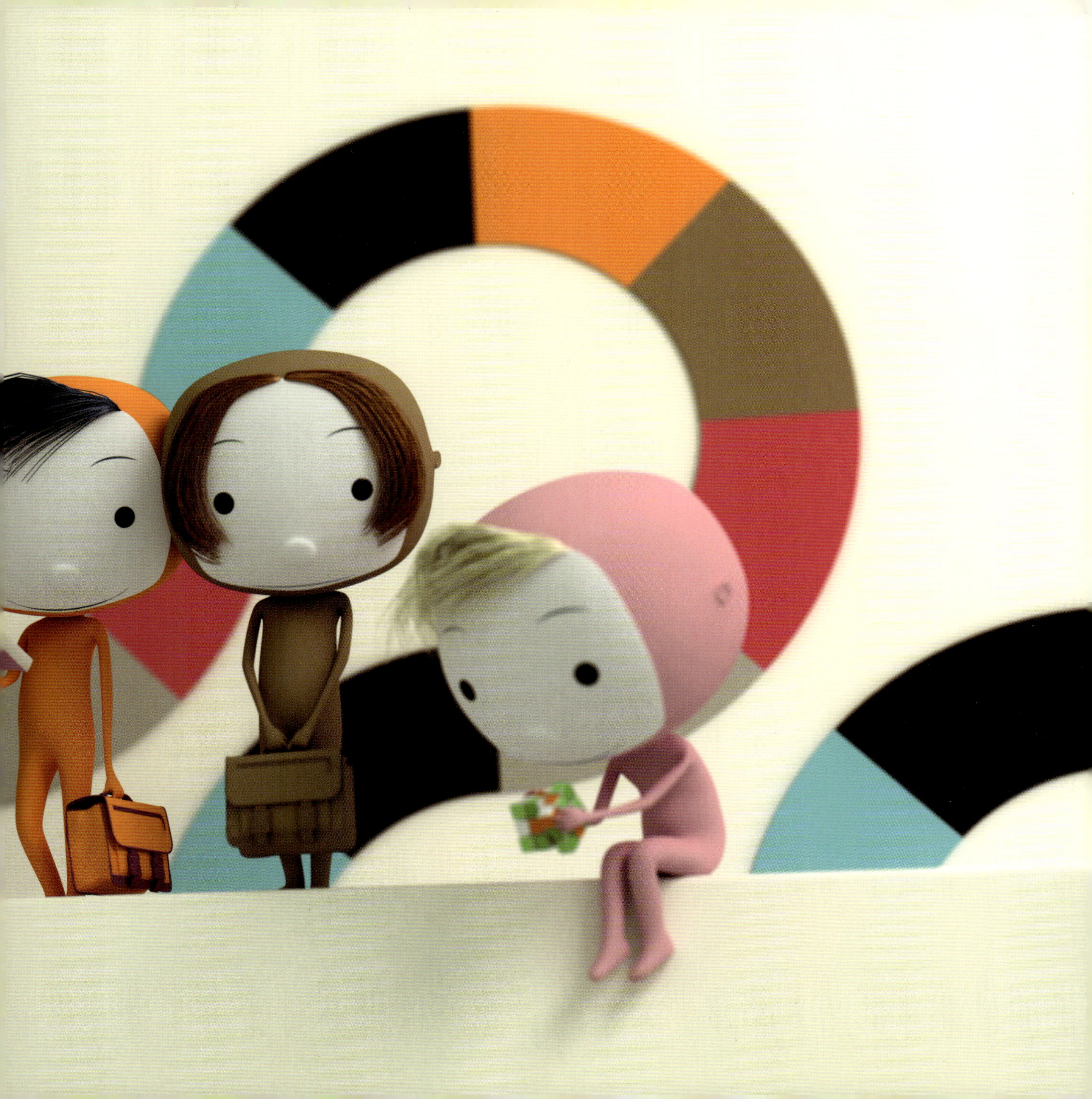

Oscar Brenifier ist Doktor der Philosophie und veranstaltet in zahlreichen Ländern philosophische Seminare und Workshops für Erwachsene und Kinder. Er hat bereits einige philosophische Bücher für Erwachsene und Kinder veröffentlicht.
www.brenifier.com

Jacques Després orientierte sich nach einer Juwelierlehre um und wurde Künstler. Im Laufe der Jahre hat er in so unterschiedlichen Bereichen wie Animation, Spieleentwicklung und Bühnenbildgestaltung gearbeitet.
www.jacquesdespres.eu

In dieser Reihe sind bereits erschienen:
Was, wenn es nur so aussieht, als wäre ich da?
Was, wenn ich nicht der wäre, der ich bin?

Gabriel-Newsletter
Lesetipps und vieles mehr kostenlos per E-Mail
www.gabriel-verlag.de

Brenifier, Oscar/Després, Jacques:
Was, wenn es sich anfühlt wie Liebe?
Aus dem Französischen von Anja Kootz und Tobias Scheffel
ISBN 978 3 522 30336 1

Die Originalausgabe erschien unter dem Titel
»L'amour et l'amitié«
© 2009 by Éditions Nathan, Paris-France
Texte: Oscar Brenifier
Illustrationen: Jacques Després
Umschlagtypografie: Michael Kimmerle
Innentypografie: Bettina Wahl
Schrift: Pakenham Free, Rotis Sans
© der deutschen Ausgabe 2013 by Gabriel Verlag
(Thienemann Verlag GmbH), Stuttgart/Wien
Printed in France. Alle Rechte vorbehalten.

5 4 3 2 1°   13 14 15 16